Ceremonias de agua

ÆREA | *carménère*

Adrián Viéitez

Ceremonias de agua

E861 Viéitez, Adrián
V   Ceremonias de agua / Adrián Viéitez --
      Santiago-Barcelona : RIL editores-Ærea |
      Carménère, 2024.

      68 pág. ; 23 cm.

      ISBN: 978-84-10248-02-1

      1 POESÍA ESPAÑOLA. 2 LITERATURA ESPAÑOLA.

Ærea | *carménère*

Serie dirigida por
Eleonora Finkelstein y Daniel Calabrese

CEREMONIAS DE AGUA
Primera edición: marzo de 2024

© Adrián Viéitez, 2024

© Ærea, 2024

Un sello de RIL® editores
SEDE SANTIAGO DE CHILE: Los Leones 2258 • CP 7511055 Providencia
(56) 22 22 38 100 • ril@rileditores.com • www.rileditores.com

SEDE VALPARAÍSO: Cochrane 639, of. 92 • CP 2361801 Valparaíso
(56) 32 274 6203 • valparaiso@rileditores.com

SEDE ESPAÑA: europa@rileditores.com

Composición e impresión: RIL® editores
Diseño de colección: Marcelo Uribe Lamour
Imagen de portada: Víctor Soho

Impreso en España • *Printed in Spain*

ISBN: 978-84-10248-02-1
Depósito Legal: B 6314-2024

cualquier cantidad de aire sube a la superficie del agua,
mientras que cualquier cantidad de agua se hunde hasta
el fondo del aire

ARISTÓTELES, *DEL CIELO*

El compás sigue así: uno, dos, tres, cuatro. Uno, dos,
tres, cuatro. Thelonious Monk aprende de este error.

La noche tormentosa, grave. Los niños corren ligeros
de vuelta a casa, madres y madres aguardan temblando.

Es octubre: el agua asciende, anega las playas. Manejas
las formas de la lluvia con tus manos hacendosas.

El eco de la iglesia es fértil. Un hombre alza los brazos,
un telar fabrica superficies delicadas para una ciudad.

La agitación sindical del invierno remueve las calles.
No importa ahora el piano, el compás: todo es cemento.

Escucha, escucha este viento amable. Cien pájaros
conquistan la luz. Abren la veda a la liturgia oscura.

Concierto italiano

El mármol blanco y azul del Duomo florentino golpea al turista.
Esta ruptura se fundamenta sobre arquitecturas inoxidables;
generales totalitarios exhiben su piedad sobre el Ponte Vecchio.
Alrededor de los museos se articulan las ciudades. Fantasma
posible que hechizas las aguas del río Arno: háblame tú de ellos.
El silencio limpia las calles del barrio judío de Bolonia. El cielo
tan quieto, almacenado. Imparcial. Fantasma, fantasma, dónde
tendré que ir a buscarte. Sigo el rastro de esta música extraña.

¿Es este el país de la sangre unificada? Garibaldi a caballo sube
a la cima de una montaña y observa la caída del sol. Bajo la tierra,
espíritus olvidados yacen aguardando la edad luminosa del baile.
Cuántos nombres tendrá el mar ahora, cuántos regresos posibles
habremos de culminar. ¿Es este el país corrupto, es esta la estatua
inmortal financiada por la tiranía? Al borde del otoño, sumergimos
nuestro cuerpo común en el Adriático. Todos los demás viven.
En el cielo se despliegan sombras que ya conocen nuestra muerte.

Obertura francesa

como la fruta se funde en su jugo
como su ausencia se torna delicia
en una boca donde muere su forma
Paul Valéry, *El cementerio marino*

Aquí, en el borde de todas las preocupaciones: deposito un beso
en tu frente. La mesa es ancha hoy, bendices con la mirada
el movimiento tenue de las cortinas. Queríamos el agua azul
para limpiar nuestra transparencia, llenamos las estanterías
con grandes historias: Balzac navega solitario en una canoa,
completa circunferencias imaginarias en el interior del lago.
¡Toda esta tranquilidad llega tras la severidad de los juicios,
después de que hayan rodado las cabezas! El lago, en calma.

Aquí, en el borde de todas las frivolidades: deposito un beso
en tu frente. Todos los castillos del mundo arderán, insólitos
diamantes de fuego, futura tierra: alimento para los niños.
Para ti imagino, pese al horror —y es tan triste hacerlo así—,
palacios de oro y rubíes. En el fondo del mar, las manos juntas,
prendemos la mecha de un mundo que no existe. Soñamos
al revés: es gris la satisfacción que provee Occidente; tan dulce
la idea de nadar contigo. Tenemos ya muy cerca los Pirineos.

Misa alemana para órgano

> *no he soltado a mi ángel mucho tiempo*
> *y se me ha vuelto pobre entre los brazos*
> RAINER MARIA RILKE, *Libro de imágenes*

Que mi canto en bloque no desasista la importante idea del vacío.
Este es el viento de los bosques, el miedo de los pueblos anidados,
la flauta que nos guía al convento para tornarnos devotos. Problemas
universitarios: Martín Lutero cuestiona el dogma y el dogma renace.
Si el músculo de este país son sus montañas, si es tan fuerte la duda
que calibra el conocimiento, ¿cómo es posible la natural flaqueza
de estos brazos que se extienden hacia ti? Con las rodillas en el agua
y toda esta música que perfora las nubes, el océano esconde tímido
la fe inquebrantable de mis antepasados. Sepulto en Bogenhausen,
Fassbinder reza cada noche para que el amor no se pierda todavía,
pide un esfuerzo al color, a la sangre que brota de los manantiales.
Vestida de negro, al borde de un acantilado, te preguntas por Dios:
¿seré yo tan blanca como las estrellas? Con el puño apretado contra
el pecho, prometes la espera. El mundo, más allá de Europa, existe.
Seremos siempre pequeños. El agua alcanza más, sabe más, sabe.

En Grecia ya nada tiene que ver con Grecia. La gente
camina, come. Los lagartos brillan verdes sobre las rocas.

Preparaste las maletas más pequeñas para el verano,
supiste ser ligera. Ya de noche, combatimos juntos el frío.

El agua en espiral no es agua: las tormentas de vapor
adoptan la forma de las cosas. Pintamos el viento de azul.

Seré tan humilde como las flores al morir. Todos estos
pétalos desaparecerán. El mundo conocerá luces mejores.

Primera variación

come from that window where you see too much
and take a livelier view of things from here

ROBERT FROST, *IN THE HOME STRECHT*

Uno

Tus manos son ciertas. Viajaste conmigo tres veranos atrás
a la guarida de los delfines en una isla abandonada. Llevaste
mi cuerpo por los caminos más difíciles: concreta, olvidadiza,
hiciste crujir las hojas secas con el peso de tu cuerpo de agua.

Tus manos son ciertas. En la corona de aeropuertos pequeños
alzaste pañuelos por mi partida, ahora vuelvo a tu lado así:
cansado, con la mirada más clara. Abriste rendijas de luz
en aquellas cuevas extrañas. Imaginé tu destreza en el pasado.

Tus manos son ciertas. Para este paraíso de almohadas blancas
tejes paredes de lino. Extiendo mi cuerpo hacia ti, los ríos
rugen con el estómago inundado de peces. Una visión de la
verdad: devuelves, con paciencia, los cangrejos al mar.

La niebla se vuelve un obstáculo para las miradas furtivas
en las ciudades y en los barcos. El mármol de las lápidas
impone su olor siempre y surcando la hierba, surcando
el relente nocturno, agarro las cuatro puntas de esta certeza.

Dos

Quisimos este color para las paredes. En esta misma lengua
bajaste la voz: dos figuras silbando en cubículos recién pintados.
La nieve golpeó también estos cristales, en el invierno del 77
todo el estado de Minnesota fue una mancha del color más puro.

Este es Adolfas Mekas en las cumbres de Vermont: un niño
imaginando las historias de amor de su futuro. Cien trineos
descienden al tiempo por los cauces de este cielo desprendido.
La película acaba con un beso. Guantes abrigados y un beso.

Dijiste: quiero para esta casa unos cimientos seguros. Incluso
en el rigor es posible el juego, son tan cuadrados los parques,
tan veloces los toboganes. En el sofá, jugamos con la publicidad:
para ti los coches más brillantes. No es un pecado imaginar.

Los domingos fabricamos puzles en el taller. Amamos los rostros:
Margaret Thatcher, Cary Grant, etcétera. Estos ritos son ya
nuestros. Flotan voces sobre los tejados y la semana termina,
tus manos y las sábanas, las paredes de la casa: la cima del verdor.

TRES

El fondo del mar está oscuro. El terror es la ausencia de sombras.
La voz de los poetas retumba allí con la fuerza de lo solemne, mas
sabemos de la existencia de la superficie. Discutimos sobre Atlantis:
palacios en una burbuja, niños bífidos arropados en camas de coral.

Es más cómodo así, en la colcha de la ficción. Lo imposible nos brinda
consuelo, nos reúne de una vez. Descartamos los palacios reales, el oro
derramado entre los arcos; el agua aún nace también para nosotros.
¿Quién amó sobre la hierba que ahora pisa el Parlamento Húngaro?

Desde la cúpula del Reichstag observamos las ruinas. Así se mantiene
el movimiento de los jóvenes: una ciudad cubierta de remiendos, llena
de carriles bici. Lo cotidiano expresa un tipo distinto de fe, guardamos
la cubertería nueva y nos sentamos a comer. Es necesario vivir todavía.

Una guerrera marítima amó siglos atrás a un ser mitológico. Es triste
cuadrar el amor en la violencia de sus marcos. Te veo tan cierta ahora
que la duda es inevitable: algunas noches, a mi lado, tu forma de dormir
consigue que al fin comprenda lo difícil. Quieres compartirlo conmigo.

Cuatro

En este campo abandonamos las historias de después. Los duendes conocen mejor que nosotros los secretos del jardín, adivinan rápido las tendencias de los árboles. Fingimos al desayunar: bajo los pies, bajo la suavidad de la moqueta se construyen formas nuevas de saber.

Pero mantenemos la conciencia común de esta casa compartida, pese a la agitación que nos repta, nos tumba. Sabemos conducir el cuerpo por la incertidumbre, ignorar a los seres mágicos: ¿cabría en esta vida toda la sabiduría que se esconde más allá de los confines de este campo?

Invocas la quietud para descartar otras esferas. Es ya sábado noche: cumplimos nuestra cita con la imagen. La vuelta a casa es azul y apacible, las noches de la Costa Este soplan con serenidad. Cientos de brujas celebran el cielo estrellado, tú te acuestas conmigo, me das las gracias.

Así imaginamos la rutina de los duendes: en el siglo XVIII, un pequeño barco atravesó el estrecho. Las casas se hicieron despacio, con los dedos brillando al amanecer, púrpura y luz. Llevan tres siglos bailando, tres largos siglos bailando bajo tierra. ¿Cuál es ahora la misa del domingo?

Cinco

Aguardo paciente en la efervescencia de este amor. Cuido
las plantas que dejaste. Una familia abandona su hogar
durante décadas, el polvo es amigo del silencio y los años.
Fantasma, fantasma: corto el césped cada noche para ti.

Quiero salvar el verde de esta canción que ya huye, salvar
el aroma de otras mañanas. Es preciso ser delicado: caballos
salvajes desordenan el mundo a campo abierto. Cada lengua
tiene su medida justa. Sé que aún susurras historias inmensas.

William Carlos Williams ausculta a un paciente, con cuidado
aprecia la cadencia de sus latidos. En su maletín almacena notas,
poemas; su cabeza guarda los ritmos que no puede apuntar. Las
cascadas del pueblo lo juntan todo: lo perfecto vive en calma.

Los objetos se vuelven más pequeños al envejecer. Conservo
aún limpios todos los cristales de este hogar siempre joven:
de noche toco el piano, exijo a la música que encarne las formas.
Mis manos se vuelven viejas; límpiame, mar, deja que aún espere.

Seis

Ends and beginnings – there are no such things.
There are only middles.
ROBERT FROST

A la fe te entregas con las manos vacías, mas declinas el culto. Una noche
de tormenta tres embarcaciones sucumben al oleaje. Es tan fiero el mar,
tan impasibles las estrellas. Yo no quería escribir este poema: las canciones,
sin embargo, siempre han de terminar. La noche se desploma en picado.

Los sacerdotes elevan la voz y cantan, convencidos del verbo. Tú dudas.
La eucaristía de esta generación se despliega ante el dogma, en las manos
tibias del que asiste. Cien pájaros blancos encienden la oscuridad: ¿es esta
la lengua que eliges también para hablar con las personas que no son yo?

Para la épica nacimos demasiado tarde, las guerras importantes estaban
libradas ya: nuestra tarea es lidiar con la extrañeza de esta paz que aúlla.
El mar devuelve ahora objetos a los niños solitarios: rastrillos, palas;
el agua abandona palacios de arena intactos al retroceder. El mar devuelve.

Capitulas esta canción nombrando los rincones que frecuentas. El portal
donde duermen los amigos, la nevera que pospone el hambre, el cuerpo
acuático de este remolino que nace en el mar oscuro y atraviesa el viento
como un cuchillo para después caer: el agua ya solo conoce este desorden.

Segunda variación

At twenty, yes: we thought we'd live forever
At forty-five, I want to know even our limits

Adrienne Rich, *The Dream of a Common Language*

Uno

Noviembre de 1963: una ama de casa llora en el comedor. Es otoño, centenares de personas desfilan vestidas de negro. Piensa la mujer: qué implacable forma de girar la de las cosas que giran para siempre. Diecisiete años después, ella también muere. El viento agita una rama.

La ciudad es un espacio de reunión en el que la muerte se desdibuja, queda postrada ante la evidencia del movimiento. El ojo berlinés anticipa la venida de un rostro social distinto en sus paseos: detrás de los escaparates las personas sufren por amor con gesto idéntico.

Tomas café conmigo en la avenida principal. Las iglesias se confunden con los pabellones, cada espacio abierto anuncia un encuentro posible. En el centro comercial disfrutas paseando entre los corredores, ligera y abstraída: ¿podría Thomas Mann imaginar una muerte justo aquí?

El tránsito es ahora nuestra música. París ha tenido ya tantas caras, ¿es todavía posible imaginar Nueva York sin la sombra de los rascacielos? Cruzamos las calles con gozo de madrugada: las aceras llenas de agua, todo el pasado de esta piedra rendido al juego. Nadie volverá a morir.

Dos

Los peregrinos acuden en masa a Asís para consagrarse a San Francisco,
la ciudad diluye los nombres. La magnitud de esta catedral opaca la vida
diaria: ¿a qué lugares regresan los peregrinos cada vez que se marchan?
Nuestra cartografía perdura, intacta. Una calle existe en dos direcciones.

No podemos ignorar estas imágenes. Enrique VIII ejecutó a Tomás Moro.
El hemisferio sur es una mancha en el fondo de nuestra imaginación,
lenguas desordenadas: lagartijas en La Pampa, rostros en Gaborone.
La tela es fina, pero existe. Desde aquí, todo territorio se presenta fértil.

¿Quién serías para mí en otras latitudes, con otros ojos? Apenas puedo
hablar. Desconozco tus signos, tan frágil y mortal, toda esta antropología
voluntariosa no describe nada. Fantasma, fantasma, deseo la amplitud
del mundo, la cresta de las cordilleras. Deseo encontrarte todavía.

Si tuviese toda esta tierra en mis manos, si mis pies marcasen las calles
de Asís; dime, si cumpliera con mi mirada la santísima visita, ¿acaso
recordarías mi nombre para siempre? El legado será otro. La primera
vez que te besé las cosas se volvieron diminutas, miniatura de mundo.

Tres

Brian Eno pasea por Londres con una grabadora en su chaqueta;
mucho tiempo atrás los coches dejaron de impresionarnos. La luz
madruga así en la National Gallery: la pintura se vuelve negra
al caer la noche. El Támesis sabe tantas lenguas, ignora la del agua.

Habremos de pensar tantos sonidos antes de empezar a concebir
la música, tendremos que esperar siglos para que la ciudad se ordene.
Chantal Akerman trata de hablar con su madre cruzando el Atlántico,
el sonido del metro entorpece las misivas. Alguna noticia llegará.

Borra: el compás no será ese. Esta generación pide un, dos, un, dos;
¡la música avanza demasiado despacio! De noche la ciudad anhela
las promesas marinas. Su lujosa imitación del agua: dos cuerpos
pierden en su unión la forma. La confusión sabe hablar de lo hermoso.

Queríamos el orden, recibimos esto: fragmentos y fragmentos, alguien
quiso alguna vez escribirnos una carta. La grabadora captura sonidos
incapaces de comunicarse: es muy fácil estar solo en este mundo azul
en el que las ballenas cantan canciones para mantenerse con vida.

Cuatro

Reconquistar la soledad de este parque: quería para ti un comienzo, una segunda oportunidad para los mismos espacios. Sé que recuerdas todos los minutos de esta ciudad. Ahora es difícil para los campanarios clamar con aquella convicción. Se preguntan si es ya tarde para hablar.

Por eso hacemos un esfuerzo tan grande para disimular que seguimos viviendo tras las viejas murallas. Si conocemos las dimensiones exactas del rectángulo: ¿en qué lugar del futuro hallaremos un hogar adecuado para las señales del misterio, en qué ciudad sino en esta, acaso la única?

Sobre los límites del racionalismo: si Cerdà quiso imaginar Barcelona como una cuadrícula, ¿cómo disputa cada calle su carácter distintivo? El agua descarta esa idea del orden, nadie nombra a las olas que llegan; el mundo se despereza siempre con esta violencia, un chapoteo sin fin.

Mi amor por lo público articula mi amor por ti: en los ecos de la plaza vibra tu nombre cada vez; fantasma, fantasma, persígueme esta noche. Escasas las certezas del que ejecuta el sermón, ¡pero qué cierta la cara de esta noche que se repite, fría y eterna, una olimpiada de despertares!

Cinco

En algunos barrios de Los Angeles los niños nunca rezan: para ellos no existen las iglesias tranquilas. Los murales de la ciudad revelan vías alternativas para relacionarse con la fe, los grandes almacenes abandonados resignifican su vacío cuando acogen el amor adolescente.

Podríamos viajar allí juntos, filmarlo todo: ¿cuál es el valor real del testimonio, hasta qué punto incide en el mundo la dialéctica presentada como contrapoder? Agnès Varda viaja allí, lo filma todo: los bailarines se mueven ante el cemento. Todos los auditorios podrían estar vacíos.

Las ciudades inesperadas se inventan a sí mismas alrededor de grandes focos. Las personas están siempre moviéndose, este esplendor urbano ya se nos revela en su esencia de decorado cinematográfico. Es fácil vivir en lo pequeño cuando se conoce la inmensidad de lo monstruoso.

No puedo hablar todas las lenguas del mundo, cruzar todos los campos; no me queda ya tiempo para salvar más cosas de este fuego que abrasa. ¿Cómo es posible, niebla espesa que suspiras, que siendo yo tan incapaz estime suficiente para esta vida el milagro de sentarme a hablar contigo?

Seis

yet only this odd wrap in time tells me we're not young
Adrienne Rich

Los dragones no conocen oficinas de cristal. Puedes sentir
la manera que tiene la escritura de desaparecer: yo no quiero
escribir este poema, quiero convocar a los fantasmas y elegir
la silueta que te contenga. Se supone que la noche debe asustar.

Volvemos una vez más al balanceo de las canciones: la montaña
se ha desconfigurado, el mar descarta vías de entrada. Celestes
y relucientes, nadie anticipó la prontitud de esta tristeza secular.
Dos amantes milenarios contraen matrimonio en un acantilado.

No he diseñado este cubículo para cobijarte, sino para descubrir
en ti —¡en ti y en todas las canciones!— una mano todavía cierta.
Pero si encuentro el fracaso, si los parques perfectos de Lovaina
tampoco me esperan, entonces lo sé: las luces siempre temblarán.

Las grandes avenidas cortan las metrópolis como cruces, como
estrellas. Dentro de este océano de signos manipulas tú la arcilla:
la forma es ya un rostro común. Fantasma, fantasma, dime ahora
qué calles de nuestro futuro harán posible la existencia del amor.

Tercera variación

To meet that hawk's eye and to flinch
Not at the eye but at the joy of it.
I play. But this is what I think.

WALLACE STEVENS, *THE MAN WITH THE BLUE GUITAR*

Uno

They said: "You have a blue guitar,
you do not play things as they are".
WALLACE STEVENS

Aquí se termina el paisaje. El roce sonámbulo de estas historias
descuida el trazo de las líneas: en un sueño todos los colores
participan del mismo color. Retumba una pregunta distinta: ¿cómo
hablaremos con nuestro mundo mientras sigamos cantando?

Uno reconoce el cartón, pero las miradas convencen. Omar Sharif
juega una partida más, la noche se alarga así: manteniendo los focos
a baja intensidad. El compás se alarga en el musical clásico, dice:
uno, dos, tres, cuatro, cinco, seis; y uno, dos. Los planos no mueren.

Barbra Streisand llora sobre el escenario: una luz redonda se posa
alrededor de su figura y acentúa este duelo. En el corazón de la fama
descansa un colmillo traidor, podríamos alargar para siempre aquel
poema: la eternidad seguiría sin llegar nunca a nuestros brazos.

Así pues, prolongamos la ilusión. La película alcanza los créditos
mientras los protagonistas se suben a una gran caravana, marchan
hacia la ciudad. Tendrán una vida allí, imaginamos: quizá se crucen
con el sueño amargo en el que tú todavía existes, cubierta de plata.

Dos

La historia arranca en un hotel de carretera: un hombre vive
esperando que algo ocurra. Descorre las cortinas, observa, guarda
un diario de las cosas que hace para no perder de vista el correr
de los días. No abandona nunca su cuarto, esquiva siempre la luz.

Al otro lado de su ventana se ubica la piscina del hotel, empedrada
en azul. Otro hombre, bronceado y musculoso, nada cada mañana
durante quince minutos. Lo hace temprano para estar solo. El hotel
parece un lugar seguro: ¿de qué cosas es capaz esta forma de miedo?

Sabemos de los peligros de la imaginación, aún así la ejercitamos.
Anna Karénina recorre sus páginas como un hámster en la rueda,
preparada para morir todas las veces que se tuerza tu mano, ¿no es
su muerte una forma extraña de guarecernos en las tripas de la vida?

Un tercer hombre, a dos kilómetros del hotel, pasea por la orilla
de una playa al atardecer. Todos los días el mismo rito —¿es esto
rezar?—: recorre el diámetro del arenero diez veces, ida y vuelta.
Su urgencia es mucho mayor. Nunca sabe qué sucederá después.

TRES

Teseo conoce las rutas del laberinto. ¿Compartes tú las coordenadas
de esta mitología? El agua borra ya las letras que guardaba la arena.
Sobre esta pizarra no es Dafne laurel, no se refugia Medea en Corinto,
libra Fausto las garras del diablo: cada mañana el agua lo limpia todo.

Sabemos de la promesa desesperada que esconde el futuro, también
sabemos de su engaño. No queda verdad en estos códigos. Prevalece
otra herencia. Bibliotecas ardieron, a cientos: no fue el fuego enemigo,
apenas certeza. Los cuerpos recibieron el calor, abrazaron la ceniza.

¿Escuchas tú también ese lamento? Es el hueco del socorro. Para este
país valga la memoria, cerca la muerte, de la ternura del primer amor.
Los poemas mienten. Esta lectura caduca, la supervivencia se desvía
en múltiples direcciones. El relato es a veces invención, otras condena.

Pero nosotros podremos volver a contarlo todo: durará poco el olor
a azufre de los centros recreativos. Con el ánimo dilatado y este quizás
tan extenso brotaremos en el césped de este día auténtico, pobres ante
el mar y aún fuertes; tus dedos con mis dedos, tus dedos con los míos.

CUATRO

Este es un trébol de cuatro hojas. Las iglesias en Edimburgo sombrean
la ciudad: investigamos acerca del impacto específico del anglicanismo
en Escocia. Al borde del mar, en St. Andrews, cien gaviotas en el cielo.
Fantasma, fantasma: he de aliarme con la suerte para volver a hallarte.

Un niño no consigue conciliar el sueño, enciende la luz del pasillo, deja
rendijas abiertas en su persiana, abre la puerta. Dice: la fortuna de lo
adulto será la de dormir acompañado. ¿Por qué los pájaros no cantan
de noche? ¿Qué tiene de sagrada la oscuridad, por qué infunde respeto?

Una madre improvisa historias mientras mece el pelo de su hijo. Está
cansada y se sorprende: el amor más sencillo eleva de manera inesperada
las virtudes de su imaginación. Ninguna de sus historias tiene un final,
terminan cuando el niño se duerme. Quizá las prosiga mientras sueña.

La arquitectura gótica se opone al Renacimiento, sin exhibicionismo
los edificios parecen encogerse hacia dentro. Estas humildes gárgolas
durmieron las noches de piedra durante siglos esperando alzar el vuelo.
¿Existe la noche en mitad del mar, es posible dormir debajo del agua?

CINCO

Jonathan Swift, deán de la catedral de Dublín, abre las compuertas
de este misterio. La densidad del velo varía y marca la diferencia.
El agua conoce la pauta de estas variaciones: lo complejo es siempre
amar de manera idéntica en distintos espacios, en tiempos distintos.

¿Tendrán cuerpo estas historias en un futuro que tú habites? El coro
ejecuta su parte con habilidad y precisa ciencia. Gulliver abandonó
su casa. Lo demás es un simulacro de la historia: la utopía vence
por la firmeza de su convicción. Para esta comunidad basta este sol.

En una aldea de Senegal, el pueblo de los Diola celebra la muerte.
Una vez más, el fuego: lo que sucede al final de cada historia depende
de la forma en que es contada. Los semáforos arden en la noche
de Shibuya. Dos amigos se balancean en las farolas. Amanece así.

Observo cómo mueves las manos entre la maleza. El gran espesor
de estos bosques nos reúne en la búsqueda: mañana, al decidirnos,
la tierra temblará con toda esta ternura. Es el asunto de las ramas:
todavía permanecen juntas cuando ya han empezado a separarse.

Seis

It is the sun that shares our works.
The moon shares nothing. It is a sea.
Wallace Stevens

He reunido estos libros para ti. Fantasma, fantasma, ¿cuándo
accionarás los interruptores? Samuel Beckett escribió en francés
para esquivar la poesía propia de su lengua. Es lícito empobrecerse
en busca de agua. Los pájaros viven escapando siempre del invierno.

Para un materialismo idealista, las manos fabrican el cambio así:
la oscuridad se transforma en luz. En el centro del libro de Kells,
San Mateo levita sobre el mundo. No se trata de misticismo, sino
de este fuerte lazo que nos ata, comunidad de hablantes cansados.

Sobre las posibilidades de esta lengua: cien sombras reunidas junto
a una enorme mansión acristalada. La tranquilidad del monje revela
una mirada de conjunto: el propósito no se encuentra en los días.
El ornamento es posible cuando hablamos de fe, mas el silencio basta.

Tú propones esta luz. Una mañana de verano, en una pequeña playa
del Atlántico —el agua fría antes del sol—, el océano cruza las rocas.
Hemos estado hablando toda la noche, ya se escucha la carrera de los
antílopes. No se trata de una cuestión lingüística: busco apenas tu voz.

Cuarta variación

The islands haven't shifted since last summer,
even if I like to pretend they have.

ELIZABETH BISHOP, *NORTH HAVEN*

Uno

Los ojos se acostumbran tarde o temprano a la oscuridad. Es preciso vivir de todos modos. Cien murciélagos ocupan el lienzo ardiente de esta noche; tenemos las manos vacías, un desierto lleno de sombras. Esta es la fe de las cartas: tensos en la confianza, avanzamos intuitivos.

En una casa vieja, una mujer sostiene las manos de sus vecinos. Voces repiten historias sobre ella al otro lado del río: un hombre afirma que la bruja maldice a sus víctimas con su mirada amarilla. El día del juicio, el Mesías extiende su mano sobre la tierra. Las voces son murmullos.

Nuevas preguntas aparecen desde el otro lado de la muerte; ¿escuchas, fantasma, las plegarias de quien busca tu forma? El miedo suspende los sistemas racionalistas: un hombre tarda en aceptarse frágil; un hombre tarda en aceptar. La noche llega y es oscura, llena de frío.

¿Qué compás podría salvarnos de este determinismo? En la cuna de los ríos el agua es blanca: el esfuerzo lunar enciende el mundo. Dos adolescentes se bañan de noche, rodeados de árboles en silencio, desnudos: en las colinas viven todas las tempestades, pero no aquí.

Dos

En el corazón de la Patagonia, las Navidades se cruzan en una nube de aire espeso. Es diciembre: un ventilador viejo agita la densidad de una casa pobre. El sol castiga y la noche rezuma humedad. Dos cuerpos son ya una molestia: ¿me amarías si me derritiese a tu lado?

El miedo trabaja en alianza con el conocimiento, propone una nueva epistemología: los niños en la playa cubren sus movimientos con esa inocencia tan amable, no saben del terror. Pero es preciso este umbral. En los instantes previos a su fusilamiento, un niño no suplica por su vida.

Es incómoda esta piel que el tiempo facilita. Durante la popular tormenta, Mary Shelley piensa en la soledad de una posible vida futura. Una balsa cruza el lago en calma en mitad de la penumbra. La ciudad pasa la noche iluminada: ¿qué se esconde tras la ausencia de esta gran hilera de faroles?

En su lecho de muerte, una mujer anciana rememora los veranos antiguos, el calor insoportable de aquellas Navidades. Es cruel así el tiempo, flecha que cruza espacios estancos, cáliz de sabiduría infestada de peligros. Ayer creímos nadar de espaldas en un río fiero. Todo este niño es ahora sombra.

TRES

Al anochecer los caballos se lanzan montaña arriba. ¿Vives tú
en esta pintura? A lo lejos, tras las largas dunas de hierba seca,
la luz del faro ofrece una respuesta intermitente. Esta quietud
atesora el espanto: el movimiento se olvida, se torna peligro.

Nadie visita los acantilados al caer el sol. Idéntica, la violencia
del agua conoce las espadas de la roca. Ya no volveremos aquí.
Después del sexo, Patricia Arquette ofrece a Bill Pullman dos
palmadas en la espalda: la verticalidad oscurece así el amor.

Para esta niebla no sirven las manos. Las cumbres no admiten
visitantes nuevos: todo el mundo se marchó hace siglos, ya no
acoge esta montaña la dulzura de los cantos. Queda la leyenda:
un gato blanco escurrido entre los arbustos, músicas sencillas.

Kate Bush se mueve como una serpiente sobre un fondo violeta,
busco pulsar el lugar concreto, el color específico que conozca
el camino hacia tu hueco. No me abandones nunca, persígueme.
Es preciso seguir viviendo. La luna muerde esta noche terrible.

Cuatro

El escriba busca la luz, Pangur Bán persigue a los ratones. Nosotros,
que hemos cometido el tropiezo de morir por la literatura, todavía
aguardamos en la torre del castillo. Los miedos del mundo son otros:
en el corazón de Islandia, un volcán baña de fuego miles de hectáreas.

El misterio se barniza de colores distintos en cada país. Una casa común
presenta ligeras variaciones: las cortinas se bordan con técnicas dispares,
las mesas se cubren de múltiples ornamentos. Pero las camas siempre
son antiguas del mismo modo. Sobrevive este largo crujido en la noche.

¿Cómo puedo escribirte un poema de amor si no puedo tocarte más?
En las tinieblas te convoco, alzados a mi alrededor los vientos del este:
despertar a los muertos puede tener consecuencias fatales. Pangur Bán
observa todos los ritos subido a los muebles más altos, atento, asustado.

La magia negra es una clase de fe particularmente profunda. El aliento
desvanecido de los grandes hechiceros lo justifican las causas cruciales.
¿Podré acompañarte después? De entre las labores antiguas descarto
la de hacedor de luz: seré para ti el gato blanco, el Pangur Bán inmortal.

CINCO

Una torre de humo azul brota en el horizonte, una sábana blanca se extiende sobre el mar. Sabemos que no ver implica peligro, que ciegos estamos más expuestos a la maldad del silencio. Fantasma, fantasma, recuérdame el timbre de tu voz. Despiértame pronto.

Cien cuervos sobre la estación de tren: los labios de los amantes se mueven, el trazo de los pájaros oculta las palabras dedicadas. El terror es a menudo reversible. En medio del ruido, envuelta por el espesor de este humo, la intimidad descansa y gobierna.

Debes saber que este es un mundo falso. ¿Entonan acaso los cuervos nuestras canciones de amor? En el centro retórico de este palacio todavía bailas, casi adivino tu rostro entre las luces, con los ojos cerrados y los brazos al alza en una habitación sin dimensiones.

Los oficios funerarios tienen lugar en el campo, en las ciudades. También las historias acogen después su relato. Es más difícil hablar sobre el silencio que sucede al rito: hasta que esto acabe, sostenidos en un suspiro. El amor tiene sus tragedias, pero la luz.

Seis

Los gorriones no cantan nunca la misma canción. Esta es mi voluntad: que mi voz contenga palabras que uno nunca podría decir. Las cartas enviadas a través del mar, en botellas de vidrio: gritos ahogados en busca de alguien que los salve. Las grandes guerras terminaron, ¿no es así?

Esta generación solo conoce la tristeza de los vampiros. Fantasma mío: la canción tan honda que se inventan los espectros habla siempre de ti y de mí. En el infierno de Dante la pesadumbre se volvería paz perpetua. Dentro de este desorden hemos de buscar asideros: el barco se hunde.

Si repito las palabras, si esta cámara de eco se vuelve ya insoportable, entonces cesará este canto. Lo que venga después será solo un rastro: las paredes del mundo que habitamos escucharán, cada vez más lejos, la última de las canciones que afiné en el mar. Eso también acabará.

La pesadilla del terror es siempre el sol, la temible persistencia de la luz que remueve los mares y enciende el trino de los pájaros, luz que todavía insiste en que la búsqueda conserve su ímpetu. Podría cesar esta voz, podría callarse el mundo entero, pero cuánto rugiría el agua entonces.

Quinta variación

the silent withering of autumn flowers
dropping their petals and remaining motionless

T.S. ELIOT, *FOUR QUARTETS*

TRES

we had the experience but missed the meaning
T.S. ELIOT

Este amor no se mueve, por eso sé que el mundo camina rápido.
¿Recuerdas el baile en medio del lago? He pensado en escribirte
tantas veces, sé que tú sabrías responderme. No acogerá el éter
este diálogo: el viento se estrella con pobreza contra las lápidas.

La textura de mis manos devuelve siempre el tacto de las tuyas:
las ventanas de los aviones no conocen el paisaje, saben de líneas.
El mundo entero fue esta habitación: tus dedos manchados de
pintura, tu forma de reír. ¿Dónde vivían entonces las estrellas?

El Arco del Triunfo constata la paciencia de la piedra. Prudente
al caer la noche, acerco mi cuerpo al río que envolvía el beso:
habré de tomar toda esta distancia, la altura de los años sin ti,
y transformarla en una casa nueva en la que poder recordarte.

Esta es la apariencia de la rendición. En el curso de un aprendizaje,
la orografía cumple un papel esencial. Fantasma, fantasma: juega
conmigo esta noche, enséñame otra vez las cosas que ya conozco,
haz del huracán una pirueta familiar, háblame hasta que ya duerma.

Cuatro

Una puerta recorta este horizonte, ¿la ves también tú? No quería
escribir este poema, aunque ya estuviese escrito: tradiciones antiguas
han construido esta voz. Buscábamos otra cosa; queríamos conocer
la velocidad a la que el viento cruza el hueco entre dos rascacielos.

En esta iglesia futura, la música es de color rojo: devotos voladores
calibran el sintetizador. ¿Son compatibles la religión y la electricidad?
La literatura no comprende la inocencia de los perros; el compás roto
nos revela equivocados. Si se alzasen los muertos, no sabría buscarte.

Durante un tiempo corro en paralelo al tren que te aleja del pueblo.
Ahora ya todo es mágico o no es nada: envueltos en el truco, conocemos
solo la luz que las ventanas eligen para nosotros. Sobre lo revolucionario:
ni estas manos ni este verbo. La blanda corteza que cubre los robles.

Los superhéroes cruzan las ciudades con tranquilidad. Para nosotros
queda el temblor inaudible del mármol viejo, la posibilidad de caer
en la anestesia. Desde la cima del Himalaya, un anciano murmura:
este hielo es conocido. ¿Cómo podría, desde él, proseguir su escalada?

Cinco

Fantasma, fantasma, conmigo por fin: háblame de tu visión.
Los soldados rodeando el Parlamento, rifles en alto. Radios
estropeadas en casas viejas, niños colmados de propósito.
En tu mundo sin sombras nadie escribe. Aún quedan palacios.

Insistimos tanto sobre la juventud, emancipados de la rutina,
en este lecho aún recuerdo tus primeras palabras. Este ensayo
de repeticiones maquina un mundo en círculos, un tiempo
que me permita quedarme contigo. ¡Toda esta tecnología!

Cada mañana la misma música: el aria conocida por los dos.
¿Quedará tiempo más allá del tiempo, tiempo para sostener
tu mano en el paraíso? En un campo de huesos está la capilla.
No acoge la rendición esta fenomenología, pese a la apariencia.

Es el suceso más importante de las últimas décadas: todas las
televisiones rodean el lugar de los hechos. Un ángel desplomado
sobre el césped. La luna acostada en la coordenada central. Este
mundo ya no será este mundo: la tierra asimila el giro político.

Seis

there is no end, but addition
T.S. Eliot

Hicimos juntos una casa de paredes azules cerca del lago.
Recogimos las cerezas antes sembradas en campos inmensos,
estas calles fueron entonces el lugar correcto. Es domingo
y otoño: el sol desaparece tras un horizonte de claveles.

Una mano delicada abre la caja: tú y yo, lacados y antiguos,
bailamos inmóviles un vals vienés. Quisiste nombrar un color
desconocido, imitar la carrera de los tigres. En algunos mares
se habla de ti con la devoción propia de los emperadores.

¿Qué vendrá después de mi voz? En un poema no escrito
recojo flores para entregártelas durante la hora de la cena.
Fantasma, fantasma: en la ribera del pánico revertimos juntos
el curso de esta historia: primero devastador, después bonito.

Algunos seres mitológicos todavía no inventados se reúnen
en un claro del bosque para oficiar la ceremonia. Hace sol.
Si todo esto fuese mentira, criaturas de la noche, llevadme
al centro de la tierra. Que el agua me limpie de todo pecado.

ÍNDICE

Este libro se terminó de imprimir
en marzo de 2024

RIL® editores • España

europa@rileditores.com

Se utilizó tecnología de última generación que reduce
el impacto medioambiental, pues ocupa estrictamente el
papel necesario para su producción, y se aplicaron altos
estándares para la gestión y reciclaje de desechos en
toda la cadena de producción.